Lb 41 252
A

MON OPINION

SUR

LE JUGEMENT DE LOUIS XVI.

Je voudrois me placer entre les vociférations qui appellent la tête de Louis XVI sur un théâtre d'ignominie, & le langage doucereux de ceux qui nous invitent au pardon, & même à quelque reconnoissance envers un coupable. Mais cette modération même pourra-t-elle paroître supportable? Ne me sera-t-elle pas un titre d'injures?.... Eh! s'agit il donc encore ici de faire une autre révolution? L'établissement de la république n'a-t-il pas terminé la nôtre? N'avez-vous pas, Législateurs, à faire paisiblement les fonctions tranquilles d'un juge, sinon d'un accusateur? Et qui de vous voudroit être, je ne dis pas jugé, condamné, mais accusé seulement avec la même chaleur qu'on mit à s'emparer de la Bastille & des Tuileries, & qu'il faudroit mettre encore pour rompre de nouveaux fers, s'il nous en étoit forgés? Entrons donc avec la sagesse, la modération qui conviennent à des juges honnêtes, mais fermes, & courageux, dans la plus importante discussion qui puisse jamais être offerte aux représentans d'un grand peuple. Gardons-nous sur-tout de ces déclamations que leur violence rend toujours plus suspectes de partialité que de véritable patriotisme.

Je ne veux pas examiner si Louis XVI regna bien ou mal jusque vers le 5 juin 1789, c'est-à-dire jusqu'à l'époque où la nation assemblée le félicitoit sur son règne, jusqu'à celle même plus rapprochée où cette nation entière, par ses représentans, le proclamoit *le restaurateur de la liberté ;* car si je parlois de l'abolition des corvées dans les campagnes, qu'on lui doit

Opin. de L. A. Devérité, Dép. de la Somme,

de la taille arbitraire, de celle de la servitude personnelle dans tous ses domaines, dont il donna le premier l'exemple, de celle de la torture qui souilloit notre code criminel, de l'amélioration des prisons, de la pureté de ses mœurs privées en opposition bien marquée avec celles de ses prédécesseurs, du bienfait enfin de la convocation des Etats-Généraux, car c'en fut un, quelles que soient les causes qui ont amené la résolution du monarque ; je serois forcé de parler aussi des ordres arbitraires en trop grand nombre qu'il laissa expédier sous sa simple griffe, des cours de justice qu'il cassa avec un éclat scandaleux, des magistrats qu'il fit arrêter par ses satellites jusque dans le sanctuaire des lois, & assis parmi leurs collègues, des finances qu'il acheva de dilapider, &c. &c. Ainsi je présenterois à charge & à décharge les actions qui doivent être mises un jour dans la balance de la postérité, & qui ne doivent être bien pesées que par elle, sous les yeux de l'histoire.

Quoi qu'il en soit de tous les actes de despotisme & d'humanité par lesquels on pourra un jour justement apprécier Louis XVI, il reste certain que, jusqu'au moment où la nation, comme je l'ai dit, le proclama *le restaurateur de la liberté*, jusqu'au 8 juin 1789, où ces fiers Bretons, accourus de Nantes à l'Assemblée Constituante, lui disoient : « Convaincus que l'intérêt du peuple français est inséparable de celui de son souverain, & qu'il ne parviendra jamais à secouer le joug sous lequel il gémit depuis si long-temps *qu'en donnant la plus grande extension au pouvoir exécutif*, tous les membres qu'un si pressant motif réunit en ce moment, jurent sur l'autel de la patrie, en présence du juge redoutable des rois & de leurs sujets, de maintenir l'autorité royale dans toute son intégrité..... *Pénétrés des vertus du prince bienfaisant* qui a rendu à la nation ses anciennes assemblées, & qui est persuadé que les droits du trône & les propriétés des sujets reposent sur la même base ; ils chargent leurs députés de proclamer l'hommage respectueux de leur fidélité inviolable pour la maison régnante, *de leur amour pour le roi citoyen que Dieu leur a donné dans sa bonté, &c.* »

Il est certain, dis-je, que jusqu'à ce moment où l'Assemblée Constituante ordonnoit la *mention honorable* de cette adresse dans son procès-verbal, & en adoptoit par-là les sentimens, tous les crimes vrais ou faux que les ennemis les plus cruels de Louis XVI voudroient lui imputer, furent effacés, furent absous par la nation assemblée.

Depuis cette époque jusqu'au moment du 14 septembre 1791, où le ci-devant roi accepta la constitution, la nation eut à lui faire des reproches très-mérités; je le sais: des troupes étrangères arrivées à Paris sous de frivoles prétextes qu'il avoit fait naître; le dessein bien prononcé de dissoudre l'assemblée nationale par les baïonnettes; son approbation apparente donnée à la constitution, & bientôt son désaveu tacite; sa fuite clandestine à Varennes, concertée avec Bouillé, à qui depuis il en a payé les frais; sa protestation publique après son évasion, & malheureusement peut-être aussi beaucoup d'autres faits qu'il croyoit devoir rester ensevelis dans l'épaisseur du mur où les preuves en avoient été recélées.... Voilà des actes de perfidie atroce dont l'histoire un jour accusera Louis XVI pour l'entacher à jamais, & dont je rougirois, certes, de l'excuser dès-à-présent.

Cependant, quand le 6 septembre 1791, la constitution fut présentée par la nation au ci-devant roi, pour avoir son acceptation, tous les crimes précédens lui étoient présens & connus: la nation ne prononça pas; elle les pardonna donc encore. Elle rétablit Louis XVI sur le trône qu'il avoit fait chanceler; elle fit plus, elle le raffermit sous lui; elle ne prévit, elle ne supposa seulement que le cas du retour de pareils événemens, de pareils délits envers la nation; & contre de nouvelles perfidies royales, contre de nouveaux crimes du monarque, que prononça-t-elle? la simple *abdication légale*. Elle crut ne devoir point souiller les pages de la constitution française d'aucunes traces de sang. Elle déclara de nouveau au surplus la personne de ses rois, non-seulement *inviolable*, mais *sacrée*. Qu'on rie de ce mot, qu'il tienne à des erreurs misérables politiques ou religieuses, ce n'est pas ce dont il s'agit ici, & je pense comme Milton à cet égard. Payne l'a nommé, cette *inviolabilité*, la *folie du moment* ; mais ce moment de folie, cette *burlesque idée* a duré quinze siècles ; mais ce moment de folie a été solemnellement consacré par toutes les assemblées de la nation française, & par l'assemblée constituante ; mais sans les crimes de Louis XVI, il fût demeuré peut-être à jamais consacré ce moment de folie, dans cette constitution qu'on regardoit comme impérissable, parce qu'elle étoit étayée du serment & de l'adhésion de 25 millions d'hommes, représentés, vaille que vaille, par des municipalités, des départemens, &c., dans des adresses sans nombre.

Ainsi, quoi que l'on puisse penser de cette *inviolabilité*, de cette folie, ce fut sous cette condition, sous ces termes exprès que se forma ou que fut renouvellé, par une nation trop généreuse peut-être envers son roi, ce contrat constitutionnel qui les r'attacha les uns aux autres, ce contrat politique qui lioit les deux parties, & devoit, dans l'opinion de ce tems, assurer l'empire des gouvernans & le bonheur des gouvernés. Et qui osera dire que sans ce *burlesque* mot *inviolabilité*, qui dans les circonstances devenoit pour Louis XVI une véritable amnistie, il eût accepté cette constitution qui faisoit alors l'objet de tous les vœux, & dont l'acceptation donna lieu à tant de fêtes nationales ?

On fait ici une objection qui se trouve répétée dans plusieurs des opinions imprimées : on dit que, par sa protestation contre la constitution, Louis XVI a de lui-même abdiqué ; qu'il s'est de lui-même placé dans le premier cas prévu d'une *abdication expresse*, & que dès-lors il n'y a plus lieu de prononcer l'*abdication légale*; que puisqu'il s'étoit délié de la constitution, il s'est par-là délié aussi de la nation qui la lui a présentée, & que cette nation dès-lors ne lui doit plus rien qu'une justice rigoureuse & sévère pour ses attentats liberticides.

Je n'affoiblis pas l'objection, je crois, pour l'analyser ; cependant, toute spécieuse qu'elle paroît, elle ne sauroit, je l'avoue, me convaincre & parler à mon âme ; car si Louis XVI s'est délié de la constitution en protestant contre elle, il n'a pas entendu pour cela *abdiquer la royauté ;* & l'assemblée constituante, & la nation qu'elle représentoit, loin de prendre acte de cette abdication volontaire, comme elle l'auroit pu & peut-être dû, pour lui enlever sa couronne, la lui a replacée sur la tête. Cette *abdication expresse* qu'on veut faire résulter du fait de sa protestation, si elle n'a pu lui nuire alors, le peut-elle aujourd'hui ? Cette protestation pourroit-elle seule faire tomber des mains de Louis XVI le sceptre que la nation y avoit remis, quoique cette même protestation existât & lui fût connue ? Non, sans doute.

J'insiste donc à penser que, jusqu'au 14 septembre 1791, tous les parjures & les crimes du ci-devant roi lui furent pardonnés par sa nation ; qu'alors elle le jugea, & signala sa clémence & sa générosité plus que sa justice ; mais qu'il n'y a plus dès-lors à revenir sur tous ces faits d'accusation : *non bis in idem.*

Mais depuis..... Oh ! c'est malheureusement ici que recommencent de nouveaux griefs, qui rappellent les anciens oubliés ; c'est ici qu'il faut marcher avec la plus grande circonspection. Que de faits s'offrent à la charge de Louis XVI ! Que de faits sont à bien constater ! Quoi ! Louis XVI n'auroit pas voulu régner selon le vœu de ses peuples ? Quand ils avoient commencé à goûter les doux fruits de la raison & de la liberté, il auroit eu la tentation de les en priver ? Il auroit préféré de les gouverner à son gré, & de faire de sa seule volonté & de son plaisir la règle de son gouvernement ? Il auroit voulu déchirer le sein de cette nation qui lui avoit deux fois pardonné, qui jusque-là ne savoit encore qu'aimer ses rois, & qui le plaçoit le monarque le plus riche sur le premier trône de l'Europe !

Louis XVI ! ce sera à toi de répondre à ces inculpations. Tu diras aussi si, à la journée du 10 août, avec tes Suisses, tes courtisans, tu avois conçu l'infame projet de tuer tout-à-coup la liberté qui te faisoit obstacle, & d'effectuer à Paris une révolution d'esclavage contre un peuple d'hommes libres ; ou si, en appellant & le maire de Paris, & des députés de l'assemblée législative pour te concerter avec eux sur des événemens que tu redoutois, tu ne voulois repousser qu'une seconde entreprise méditée semblable à celle du 20 juin précédent.

Je veux ici t'accuser, non te défendre ; & sans cette journée, quels qu'en aient été les moteurs, sans cette utile journée du 10, quel est le véritable ami de la liberté de son pays qui pourra croire sérieusement qu'elle lui eût été conservée cette précieuse liberté ?

On avoit pu penser peut-être, en revisant la constitution, qu'en donnant plus d'étendue à l'autorité du roi, on l'attacheroit davantage au nouveau régime constitutionnel. « Veulent-ils une république, avoit dit souvent Mirabeau à ses amis familiers, qu'ils s'expliquent clairement & sans détour, je leur ferai une république ; mais ils ont décrété & ils me disent tous qu'ils veulent une monarchie, je veux leur faire un monarque. » Or, pour avoir un monarque, Mirabeau, & ceux qui pensoient avec lui, croyoient qu'il ne falloit pas qu'il fût un être à peu près nul dans la machine politique, mais au contraire qu'il y fût un contre-poids important, un régulateur ; qu'il eût assez de force pour modérer le jeu des rouages, & non pour l'arrêter.

Mirabeau, comme on sait, soutenoit la nécessité de la sanction royale dans une monarchie ; il la vouloit même absolue. « Et moi, dit-il le 15 juin, & moi, messieurs, je crois le *veto* du roi tellement nécessaire, que *j'aimerois mieux vivre à Constantinople qu'en France*, s'il ne l'avoit pas. Oui, je le déclare, je ne connoitrois rien de plus terrible que l'aristocratie souveraine de six cents personnes, qui demain pourroient se rendre inamovibles, après demain héréditaires, & finiroient, comme les aristocrates de tous les pays, par tout envahir. »

Malheureusement ce contre-poids se fit trop sentir ; Louis XVI, en se laissant fanatiser par des prêtres, en refusant contre leur turbulence une sanction devenue nécessaire & vivement sollicitée, laissa voir bientôt à la nation que le contre-poids étoit beaucoup trop fort, & arrêtoit tout court la machine dont il ne devoit que ralentir les mouvemens trop précipités. Il laissa trop voir que la constitution offroit deux principes vraiment opposés, qui, en agissant trop sensiblement en sens contraire, brisoient les dents de tous les rouages ; & qu'enfin où il y avoit monarque & *veto*, il n'y avoit plus guères que des délibérations nationales frustratoires & inutiles, deux tendances divergentes, l'une à la liberté, l'autre au despotisme, qui se tirailloient ; &, en dernière analyse, une liberté illusoire & nulle. Les décrets de circonstances firent sur-tout mieux sentir cette terrible vérité ; enfin l'expérience fit appercevoir que la machine politique ne valoit rien, qu'il falloit en conserver les principaux matériaux, & la reconstruire incessamment.

Il ne faut pas chercher à justifier Louis XVI par de vaines subtilités ; il ne faut pas, à mon avis, innocenter la paie qu'il faisoit à ses gardes-du-corps se rassemblant à Coblentz, puisque c'est de Coblentz qu'on écrit pour lui demander des secours, puisque c'est à Coblentz qu'on demande de les faire passer *pour le soutien & les opérations du corps*. Il ne faut pas innocenter la protection & les fonds de la liste civile, que Louis XVI accordoit aux promulgateurs des écrits les plus aristocratiques, sous prétexte de faire une opinion publique qui contrebalançât celle que faisoient les ennemis de la monarchie ; car il protégeoit & faisoit naître des écrits dont l'objet étoit d'avilir & la constitution qu'il avoit juré de maintenir, & les autorités qu'elle avoit constituées, & les meilleurs patriotes, les plus éclairés qui en faisoient le plus ferme appui. Or tout cela étoit miner sourdement le contrat qu'il avoit accepté, & non pas établir des opinions favorables à la liberté, mais bien à l'ancien despotisme.

Oui, je pense & je dis que Louis XVI n'aimoit pas cette constitution qu'il avoit proclamée comme devant faire le bonheur du peuple. Je ne doute pas que, de concert avec les émigrés, il n'ait sollicité secrètement cette conspiration des rois contre la liberté des peuples, ce ramas de brigands soudoyés qui sont venus souiller de leurs imprécations le sol des hommes libres, & qui ont fini par l'arroser de leur sang & le fertiliser du fumier de leurs cadavres.

Mais je demande dans quels principes avoient été élevés tous nos rois, Louis XVI y compris ? Etoit-ce dans ceux de la liberté, de la souveraineté des peuples ? On se souvient de ce mot de Louis XIV au maréchal d'Estrées, qui lui parloit des volontés absolues des sultans envoyans le fatal cordeau à leur gré : *voilà ce qui s'appelle régner*, dit ce despote orgueilleux. Henri IV lui-même, qu'on a regardé comme le modèle des rois ; ce prince, l'ami de son peuple, n'avoit-il pas cru devoir s'armer pour conquérir des sujets qui ne vouloient pas de lui pour leur souverain ? Et jusqu'à nos jours, où sont les historiens qui lui en ont fait un reproche ? Voltaire, philosophe plus qu'aucun autre écrivain, ne commence-t-il pas sa Henriade, par dire :

> Je chante ce héros qui régna sur la France,
> Et par *droit de conquête*, & par *droit de naissance*?

Or, qu'est-ce que le droit de naissance & de conquête pour usurper la souveraineté d'un peuple, pour lui donner un maître qu'il ne veut pas ? N'est-ce pas bien là ce qu'on appelleroit aujourd'hui avec raison la plus pure aristocratie ?

Quoi ! jusqu'à ce dernier moment, tous les peuples, tous les écrivains, tous les tribunaux, tous les états-généraux précédens, & l'assemblée constituante même, jusqu'à certain point, ont paru rendre hommage à ces principes, consolidés par le laps de plusieurs siècles, & Louis XVI, à qui on avoit dès son enfance inculque ces mêmes principes ; Louis XVI, pour qui ils étoient devenus une espèce de religion politique qui lui étoit prêchée sans cesse, ne les auroit pas cru, ou il auroit pu, d'un moment à l'autre, s'en dissuader & les abandonner aussi facilement, lui dont ils contrarioient la puissance, que vous les avez adoptés avec joie, vous dont ils assuroient l'indépendance !

Je suis loin de les adopter ces détestables principes d'esclavage ; ils ne peuvent soutenir l'examen de la raison ; ils sont absurdes & odieux ; je les abhorre : mais qui vous dira qu'on ne persuada pas à Louis XVI qu'ils étoient aussi vrais que propres à faire le bonheur des peuples ? On croit facilement des erreurs qui nous flattent. « Archimède, dit J. J. Rousseau, Archimède, assis tranquillement sur le rivage, & tirant sans peine à flots un grand vaisseau, me présente un *monarque habile*, gouvernant de son cabinet ses vastes états, & faisant tout mouvoir en paroissant immobile. » Quel despote ne se flatta pas d'être un Archimède ? Et remarquez que les principes du meilleur des gouvernemens sans contredit, du gouvernement républicain, mis tant au-dessus du monarchique même par J. J. Rousseau, étoient si loin alors de l'opinion générale, que l'on se souvient de la motion faite par l'évêque Lamourette, pour que les deux partis qui divisoient l'Assemblée législative se réconciliassent, en renonçant, de part & d'autre, & à la république, & aux deux chambres ; motion qui fut adoptée avec enthousiasme, & suivie d'un serment bientôt inutile ; car il faut dans la fermentation des esprits, que ce qu'ils produisent de meilleur surnage, & que le reste se précipite.

Au milieu de tant de fluctuations, si Louis XVI n'a point paru suivre une route constante, si on l'a vu marcher d'un air sincère vers la liberté, & puis rétrograder, aller & revenir sur ses pas, comme un homme incertain du chemin qu'il doit tenir, égaré au milieu d'une forêt d'opinions, lui imputerez-vous cette incertitude, qui exista même dans les deux assemblées précédentes, la lui imputerez-vous à crime digne de mort ?

Vous voulez qu'un roi ne soit pas au-dessus des lois ! je le veux aussi ; je le veux, car je dis bien avec Raynal : « La loi n'est qu'un vain nom, si son glaive ne plane sur toutes les têtes, & n'abat indistinctement toutes celles qui s'élèvent au-dessus du plan horisontal sur lequel il se meut. »

Mais montrez-moi donc la loi qui plane sur la tête de Louis XVI ; montrez-moi l'acte de la volonté générale de la nation, qui, après lui avoir authentiquement pardonné, a voulu qu'en cas de récidive, les parjures, les délits oubliés lui fussent rappelés & reproduits en jugement, & que la peine de mort, ou telle autre, dût s'ensuivre ! Moi, je ne vois dans le cas prévu de cette récidive, je ne vois de prononcé que l'*abdication légale*.

Je sais encore qu'un roi, comme un particulier quelconque, ne peut placer sa tête sous le glaive d'une loi qui n'existe pas. Je vais plus loin, & j'emprunte un moment le langage de quelques opinans.

Louis XVI, disent-ils, s'est rendu coupable d'une intention liberticide, le plus grand de tous les crimes envers une nation qui vient de recouvrer ses droits. L'abdication du trône n'est pas une peine suffisante pour un si grand attentat contre tout un peuple. Cette abdication est le fait de la chûte de la royauté, & dès-lors n'est plus ici une peine appliquée. Il faut donner *un grand exemple de justice* & de sévérité à tous les rois de la terre ; l'univers l'attend, &c. &c. *Un grand exemple de justice !* mais peut-on être juste quand on condamne un homme sans loi préexistante, quand on fait tout exprès la loi pour le punir ? Peut-on être juste quand on punit un coupable pour un cas que la loi n'a pas prévu, ou n'a pas déterminé, quelque grave qu'il soit, quelque peine affreuse qu'il mérite ?

Encore s'il ne s'agissoit ici que du ci-devant monarque Louis XVI; mais l'honneur de la nation française aux yeux de tous les peuples de l'Europe, aux yeux de la postérité & des siècles les plus reculés ; voilà ce que nous devons tous ne jamais perdre de vue ; voilà ce qui fixe particulièrement mon attention.

Je viens de lire & de méditer encore plusieurs des opinions imprimées, où toujours le même argument se représente sous cent formes diverses. « Pourquoi, y dit-on
» sans cesse, l'assassin de son peuple seroit-il moins
» jugé, moins coupable, moins puni que tout autre
» assassin particulier ? Pourquoi le conspirateur roi
» seroit-il moins supplicié que le conspirateur ordinaire
» contre sa patrie ? Quelle raison auriez-vous d'avoir
» deux poids & deux mesures ? »

Des raisons! Il n'y en a aucune, je le sais, philosophiquement parlant. Eh! Y en avoit-il à Londres, pour que celui qui avoit épousé trois femmes, fût moins puni que s'il en eût épousé deux ? Il soutint que la loi de mort qui l'avoit frappé, n'atteignoit que les coupables de *bigamie*, qu'il ne l'étoit pas ; que le cas où il se trouvoit n'étant pas celui que la loi avoit prévu, elle ne pouvoit lui être appliquée. Il fut absous.

Y avoit-il des raisons du genre de celles qu'on invoque, pour que celui qui avoit fait de fausses clefs d'armoire, & s'étoit introduit dans une maison furtivement, fût moins coupable que celui qui auroit volé mon mouchoir trouvé dans sa poche ? Y en avoit-il à Athènes, pour que celui qui avoit tué son père ne fût pas plus coupable aux yeux de la justice, que celui qui auroit tué son ennemi ? Non, philosophiquement parlant, il n'y avoit pas de raisons.

A Athènes, c'étoit l'oubli du mot *parricide* dans les lois de Solon. Par-tout ailleurs, la loi antérieure au délit, n'existoit pas. Soit défaut de prévoyance ou de courage, ou soit impéritie, la loi n'avoit pas été faite, ou on n'avoit pas voulu la faire.

Je me rappele avoir lu qu'un fcélérat condamné à être pendu, ne mourut point de fon fupplice. Il fut donc, queftion de le pendre de nouveau. Il fe défendit, & fe renferma dans la lettre de la fentence, qui ne portoit que ces mots : *Sera pendu & étranglé.* Il prétendit qu'ayant en effet été pendu & étranglé, il avoit pleinement fatisfait à fon jugement, & demeuroit bien quitte avec la loi & la juftice. Véritablement fon jugement ne portoit que ces mots: c'étoit alors le feul protocole de cette forte de fentences criminelles. On fentit la néceffité d'y ajouter depuis ces autres mots : *jufqu'à ce que mort s'enfuive* ; mais cette difpofition nouvelle de la loi étant poftérieure au délit du fcélérat, on ne le pendit point de nouveau, par refpeƈt pour le texte de la loi, qui paroiffoit bien avoir été mal rédigée, mais dont la mauvaife rédaƈtion étoit antérieure à fon crime, qui, par-là, demeura impuni en quelque manière.

" Pour qu'une peine ne foit pas *une violence d'un* " *feul ou de plufieurs*, elle doit, dit Beccaria, non " feulement être proportionnée aux délits, *mais être* " *fixée par la loi*. ". Voilà le théorême général par lequel ce jurifconfulte philofophe termine un ouvrage, qui lui a concilié l'eftime & la vénération de tous les amis de l'humanité.

Dira-t-on qu'il s'agit ici bien moins d'un jugement légal, que d'un jugement politique? Eh ! ne faut-il pas apprendre aux nations, que toute politique déformais ne doit plus repofer que fur la loi & la juftice ? N'y a-t-il pas auffi une politique avantageufe, à faire voir que c'eft dans les pays les plus libres que les lois font les plus refpeƈtées, & qu'une loi injufte qui laiffe trop peu punir l'affaffin même de la liberté publique, y eft maintenue parce qu'elle eft loi, c'eft-à-dire, parce qu'elle fut l'aƈte, quoique mal refléchi, d'une volonté générale ? N'y a-t-il pas auffi une excellente politique à faire voir aux nations, que le refpeƈt pour la loi eft tel dans le fol de la liberté, qu'un roi même coupable du plus grand des forfaits, y a trouvé grace de fa vie, parce que la loi, imprévoyante ou inepte, ne prononçoit pas fa mort?

Dira-t-on que folliciter l'ennemi extérieur, le foudoyer, chercher à fufciter des ennemis dans l'intérieur de l'État, n'a pas été une chofe prévue par la conftitution ; qu'alors Louis eft jugeable pour ces cas que la loi n'a pas déterminés ?

Vains fophifmes meurtriers ! puifque fe *mettre à la tête d'une armée, & en diriger les forces contre fa nation*, eft une entreprife au-delà de toutes les autres; & qu'il eft cent fois plus criminel de diriger des canons & des baïonnettes contre fon peuple, que des intrigues obfcures, que de viles plumes ariftocratiques, que la liberté illimitée de la preffe fembleroit encore excufer ?

Dira-t-on qu'on ne peut juger les rois, felon les lois du pays, ou plutôt les lois de la Cité, qu'il n'y avoit rien dans les lois de Numa pour juger Tarquin, rien dans les lois d'Angleterre pour juger Charles I., rien dans tous les autres pays où l'on a jugé & condamné les rois à la mort ; qu'on les jugea felon le droit des gens ; qu'on repouffa la force par la force ; qu'on repouffa un étranger, un ennemi ; que voilà ce qui légitima ces expéditions, & non point de vaines formalités, &c.

Eh bien ! au contraire, c'eft parce que nous en avons *une loi expreffe*, qui a fpécifié la peine des rois coupables, que nous trouvons de l'embarras ; c'eft parce qu'il y en a *une loi expreffe*, telle qu'elle foit, que nous n'avons pas à fuppléer au filence des lois, ou à en appliquer une commune à tous les citoyens ; c'eft parce que les Anglois n'en avoient pas de loi expreffe, qu'ils durent être plus libres de déployer une plus grande févérité, & que les autres nations qui voudront auffi punir leurs rois, feront à cet égard moins contraintes dans l'exercice d'une juftice qu'aucune loi n'enchaîne. Ah ! fans doute que fans ce pacte d'un peuple avec fon monarque, & du monarque avec un peuple, il ne feroit pas permis, & ce feroit un opprobre de mettre feulement en queftion fi la fociété doit plus d'égards aux brigands couronnés qui, loin de la protéger de toutes les forces dont elle les a environnés, ne s'en font fervis que pour l'affervir & la défoler, fi elle leur doit plus d'égards qu'à tous les autres brigands du monde qu'elle envoie à l'échafaud?

Dira-t-on que la royauté, dans ce cas, feroit un privilège accordé par la conftitution? Non; mais c'eft un titre feulement à une commutation de peine. Et oferez-vous refufer à la nation, qui étoit repréfentée alors comme elle l'eft aujourd'hui, le droit de faire grace ou de commuer une peine? Si vous difcutez les motifs des légiflateurs conftituans, ô légiflateurs conventionnels! d'autres légiflateurs pourront bien auffi difcuter un jour les motifs du jugement que vous allez porter, & ne pas non plus refpecter votre inviolabilité dans l'ufage que vous aurez fait de vos opinions. Prenez-y garde.

Si Louis Capet eût été tué dans une mêlée, le 10 août, fans doute fon vainqueur eût pu mériter la reconnoiffance de la nation; mais pour le juger, il le faut faire légalement; pour le tuer aujourd'hui, c'eft avec le glaive de la loi qu'il faut l'entreprendre; & ce glaive facré qui repofe dans la conftitution, il le faut faifir, & s'en fervir tel qu'il eft, fans l'examiner.

Non, ce mot roi ne m'en impofe pas; fa magie ne me féduit point, & ne peut féduire celui qui fut maintefois victime du defpotifme. Mais la fainteté des lois me frappe & m'étonne. Je n'aime pas qu'on les renverfe au moment où on croit mieux faire de ne pas les employer. Je n'aime pas que ce foit à la veille d'un jugement, qu'on invoque la loi de la nature, au lieu de la loi pofitive confentie, qui exiftoit lors du délit. Repréfentans! il en eft temps encore, honorez-vous aux yeux de l'Europe, foyez fuperftitieux pour la loi que votre nation a faite dans fa première affemblée; je dirois dans le berceau, dans l'enfance de fa génération: juges & parties à-la-fois, honorez votre modération. Prononcez *l'abdication légale*, & trois mois après la paix faite, bannissez de la république à jamais, avec sa famille, le prince digne de toute votre haine, de tout votre mépris, quand il pouvoit mériter toute votre vénération, tout votre amour en remplissant les vœux de la liberté; que s'il reparoît sur le sol des hommes libres, auxquels il voudroit redonner des fers, il soit accordé une prime à celui qui vous apportera sa tête, comme si c'étoit celle de l'hyenne du Gévaudan. J'ose dire que vous soulagerez tous les cœurs oppressés. Du trône à l'échafaud, il reste trop de distance à parcourir pour la pensée d'un françois humain & généreux. Songez encore, comme on vous l'a dit, que Tarquin fut chassé & que Rome fut libre; que César fut immolé par vingt coups de poignards, & que Rome fut esclave; que Londres se réjouit de voir expirer son roi sous la main d'un bourreau; qu'elle abolit la royauté, & que la royauté renâquit des cendres de Charles I., sur lesquelles on pleura. Songez que sur son tombeau, encore aujourd'hui, des processions viennent accuser ses juges comme des assassins. Frères, époux, parens des victimes expirées aux journées de Nanci, de Mons, des Tuileries, vos cœurs bouillans de colère, respirent la vengeance sans doute, comme particuliers; mais c'est comme hommes publics, c'est comme représentans de la nation en masse, c'est comme juges impassibles, que vous avez à prononcer; c'est comme dépositaires de l'honneur français, que vous serez vous-mêmes un jour jugés par la postérité. Eh! parce que Louis Capet a été injuste, parce qu'il a manqué à ses sermens, devez-vous, ô! nation magnanime, manquer aux vôtres? Votre foi seroit-elle celle de Carthage? Que penseriez-vous d'un juge qui, ayant condamné par commutation de peine, un grand coupable à garder une prison désignée, y feroit mettre le feu, & diroit ensuite: ce coupable n'est pas puni, puisque sa punition est nulle par le fait même de la destruction de la prison qui lui étoit affectée ; il faut donc derechef le juger suivant les lois primitives, suivant les lois de la nature qui l'envoient à la mort. Représentans, est-ce là ce que vous voulez faire ? Je ne le crois pas. L'abdication légale seroit véritablement une grâce plutôt qu'un châtiment, qu'il fau'roit encore ne pas la révoquer, & ne point mettre la nation de 1791 en contradiction avec la nation de 1792. Est-ce à dire qu'il ne faut pas juger Louis Capet ? Non, puisque cette *abdication légale* ou forcée ne peut être prononcée que par un jugement. Quant à l'exil & au bannissement que je propose, si c'est une mesure de grande police nationale que l'intérêt, la sûreté de la République exige, je crois qu'il est sans difficulté de l'adopter, quoiqu'elle s'écarte du texte de la constitution.

Le 15 Décembre 1792, l'an premier de la République.

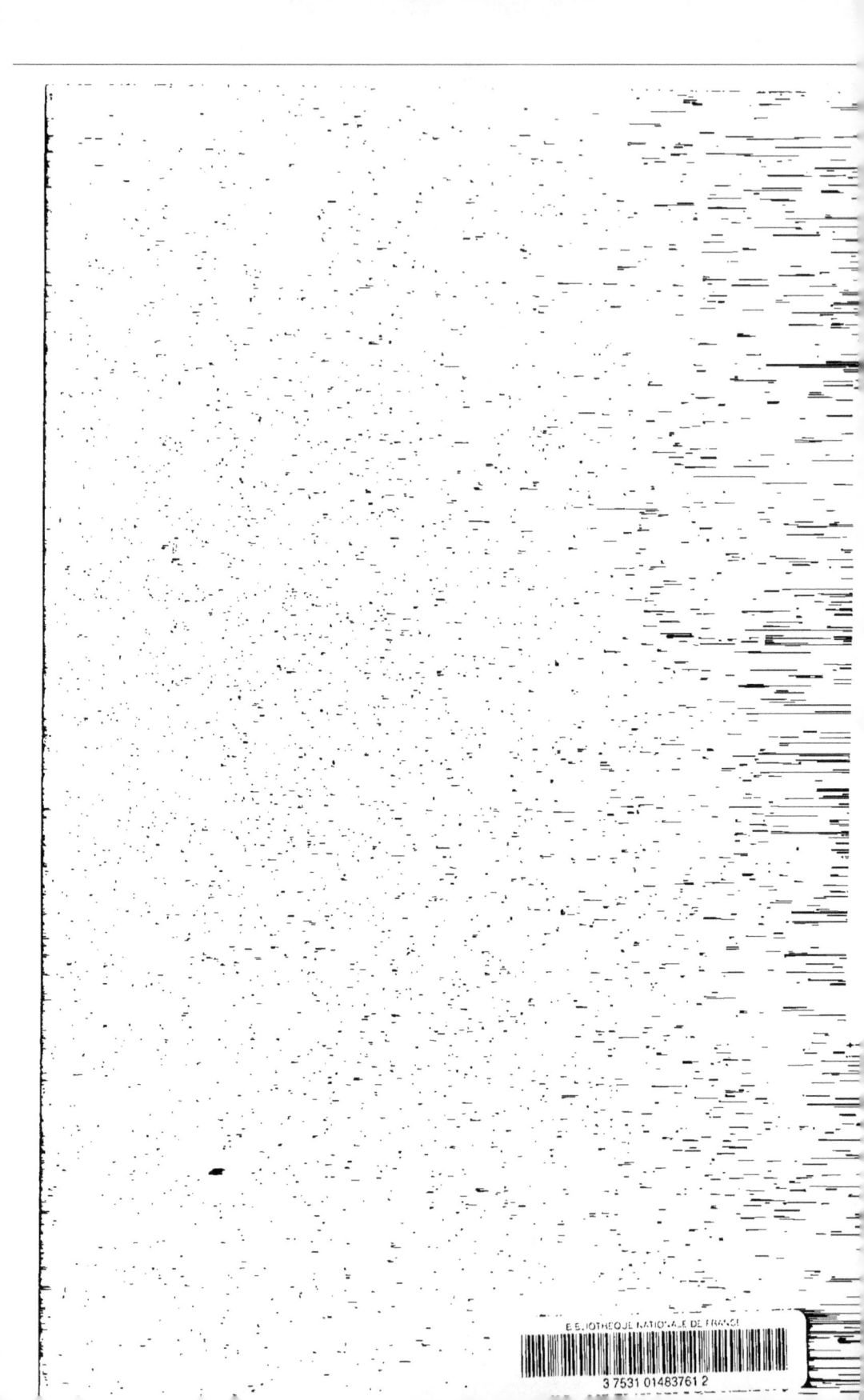

www.ingramcontent.com/pod-product-compliance
Lightning Source LLC
Chambersburg PA
CBHW070545050426
42451CB00013B/3179